BEI GRIN MACHT SICH IHR
WISSEN BEZAHLT

- Wir veröffentlichen Ihre Hausarbeit,
  Bachelor- und Masterarbeit

- Ihr eigenes eBook und Buch -
  weltweit in allen wichtigen Shops

- Verdienen Sie an jedem Verkauf

Jetzt bei www.GRIN.com hochladen
und kostenlos publizieren

Bibliografische Information der Deutschen Nationalbibliothek:

Die Deutsche Bibliothek verzeichnet diese Publikation in der Deutschen National-bibliografie; detaillierte bibliografische Daten sind im Internet über http://dnb.d-nb.de/ abrufbar.

Impressum:

Copyright © 2016 GRIN Verlag, Open Publishing GmbH
Druck und Bindung: Books on Demand GmbH, Norderstedt Germany
ISBN: 9783668315242

Dieses Buch bei GRIN:

http://www.grin.com/de/e-book/341373/kommunikationsmassnahme-der-marke-swatch-eine-ausarbeitung

Anna Pöschl

Kommunikationsmaßnahme der Marke Swatch. Eine Ausarbeitung

Mi Werbeanalyse einer Printanzeige

GRIN Verlag

GRIN - Your knowledge has value

Der GRIN Verlag publiziert seit 1998 wissenschaftliche Arbeiten von Studenten, Hochschullehrern und anderen Akademikern als eBook und gedrucktes Buch. Die Verlagswebsite www.grin.com ist die ideale Plattform zur Veröffentlichung von Hausarbeiten, Abschlussarbeiten, wissenschaftlichen Aufsätzen, Dissertationen und Fachbüchern.

Besuchen Sie uns im Internet:

http://www.grin.com/

http://www.facebook.com/grincom

http://www.twitter.com/grin_com

Fachhochschule für angewandtes Management in Erding

Fachbereich: Wirtschaftspsychologie

Sommersemester 2016

Modul: Anwendungsorientierte Markt- und Werbepsychologie

Teil 1: Kommunikationsmaßnahme der Marke Swatch für die Vermarktung der Uhrenserie „SISTEM 51"

Teil 2: Werbeanalyse einer Printanzeige

6. Semester

Tag der Einreichung:

24.06.2016

Inhaltsverzeichnis

Abbildungsverzeichnis

Tabellenverzeichnis

Teil 1: Kommunikationsmaßnahme der Marke Swatch für die Vermarktung der Uhrenserie „SISTEM 51

1 Einleitung

„Wer nicht wirbt, der stirbt."

- Henry Ford -

Als einer der ersten Unternehmer erkannte der amerikanische Automobilhersteller, Henry Ford, die Wichtigkeit von Werbung. Im 19. Jahrhundert waren die Möglichkeiten der Werbung auf Anzeige-, Schaufenster- und Plakatwerbung begrenzt. Die Anzeige gilt seitdem als das klassische Werbemittel. Vor allem Printanzeigen in Tageszeitungen und auf Litfaßsäulen waren damals sehr beliebt (vgl. Siegert & Brecheis 2010, S. 71). Heute ist Werbung überall. Im Zuge der zunehmenden Digitalisierung sind immer vielfältigere Werbemedien entstanden. Über Fernsehen, Radio und Internet kommt jeder Mensch nahezu im Minutentakt mit Werbung in Kontakt. „Jeder Konsument wird pro Tag mit 2500 bis 5000 Werbebotschaften konfrontiert" (Langner 2009, S. 13). Der Mensch kann diese immense Informationsflut weder aufnehmen noch verarbeiten, denn jedes Individuum verfügt über eine begrenzte Aufnahmekapazität von Informationen. Dies führt dazu, dass ca. 98,1% aller Informationen, die durch Werbung gegeben werden, ungenutzt bleiben (vgl. Hutter & Hoffmann 2013, S. 8). Klassische Werbung wird immer ineffizienter. Menschen überhören Radiowerbung, ignorieren Anzeigen in Zeitungen und schalten bei TV-Spots auf den nächstbesten Sender um. Letztendlich findet jeder einzelne Werbung nervig (vgl. Langner 2009, S. 14). Damit Werbung effektiv ist, braucht sie Aufmerksamkeit. Diese ist aber oft nicht mehr gegeben. Werbung richtig zu platzieren wird immer schwieriger und somit wächst der Druck auf Unternehmen und Mediengestalter. Die Werbenden werden aufgefordert, Werbung zu entwickeln, die am besten gar nicht als Werbung wahrgenommen wird. Anhand von unkonventionellen und kreativen Kommunikationsmaßnahmen sollen spezifische Zielgruppen angesprochen werden. Speziell durch Below-the-Line Kommunikation soll der Konsument persönlich angesprochen werden, wodurch ihm die Werbung in Erinnerung bleibt (vgl. Hutter & Hoffmann 2013, S. 7). Im Zuge dieser Arbeit wird eine konkrete Below-the-Line Maßnahme zur Vermarktung der Uhrenserie „SISTEM 51" der Marke SWATCH in Deutschland herausgearbeitet. Anfangs wird das Unternehmen Swatch Group AG mit ihrer Tochtergesellschaft Swatch AG vorgestellt. Folgend werden die Markenidentität und die Zielgruppe der Marke Swatch definiert. Im Anschluss folgt die Erarbeitung der speziellen Maßnahme für die Uhrenserie SISTEM 51.

2 Die Swatch Group AG

Die Swatch Group AG ist der weltweit Führende unter den Herstellern von Fertiguhren. Das Unternehmen aus der Schweiz hat sich auf die Herstellung von Schmuck, Uhrwerken, Uhrenkomponenten und Fertiguhren spezialisiert. Die Swatch Group stellt einen Dachverband mit 18 Marken, welche auch in Deutschland vertrieben werden, dar. Mit diesen 18 Marken werden vom Basissegment bis hin zum Luxussegment alle Marktsegmente bedient (vgl. Swatch Group AG 2016a). Das Markenportfolio vereint Tradition, technische Innovationen, Qualität und einzigarte Designs. Wobei jedes Segment eine andere Zielgruppe anspricht. In dieser Arbeit liegt der Fokus auf der Swatch AG, welche sich zusammen mit der Kinderuhrenmarke Flik Flak im Basissegment befindet und im nächsten Abschnitt genauer betrachtet wird (vgl. Swatch Group AG 2016b).

3 Unternehmensdarstellung der Swatch AG

Die Swatch AG ist eine hundertprozentige Tochterfirma der Swatch Group AG und hat ihren Sitz in Biel in der Schweiz. Die Marke Swatch wurde 1983 ins Leben gerufen und hat ihren Namen der gleichnamigen Uhr zu verdanken. Die revolutionäre Uhr war aus Kunststoff, aber dennoch mit Qualität in der Schweiz hergestellt und zu unvorstellbar niedrigen Preisen erhältlich. Dem Käufer bot sie trotz ihres Kunststoffgehäuses eine Qualität, die man nur von teuren Uhren kannte. Seitdem steht die Uhrenmarke Swatch für Provokation, Innovation und Emotion (vgl. HAM 2016b, S. 2). Swatch sieht sich selbst als „ein[en] dynamische[n] Mix aus Technologie, Design, unkonventionellem Marketing und einem Plus an Erlebnis. Und viel Emotion (HAM 2016a, S. 6). Das Markenversprechen von Swatch lautet: Schweizeruhrenqualität zu bestmöglichen Preisen (vgl. HAM 2016a, S. 5). Seit der Einführung der Marke Swatch richtet sich der Vertrieb direkt an den Endkunden. Dies galt damals als innovativ, da Produkte des Basissegments ausschließlich an Großkunden vertrieben wurden. Bis heute setzt Swatch auf ihr eigenes Distributionsnetz und liefert die Uhren an Warenhäuser und Uhrenfachgeschäfte (HAM 2016b, S. 3ff). Deutschlandweit werden die Uhren in 17 Swatch-Stores, etlichen Shop-in-Shops, im Online-Shop, sowie bei anderen Händlern angeboten (vgl. Swatch AG, 2016b). Aktuell bietet Swatch in ihrem deutschen Onlineshop 27 unterschiedliche Kollektionen mit 319 verschiedenen Uhrenmodellen an. Mit dabei sind limitierte Specials von Künstlern, Sportlern und themenbasierten Designs (vgl. Swatch AG 2016a). Im Folgenden wird auf die Kollektion SISTEM 51 von Swatch eingegangen. Daraufhin wird die Markenidentität der Marke Swatch dargestellt und im Anschluss wird die Zielgruppe von Swatch definiert.

3.1 Kollektion SISTEM 51

Die neueste technologische Entwicklung von Swatch ist die Uhrenkollektion SISTEM 51, welche 2013 auf den Markt gebracht wurde. Swatch (Swatch AG 2016c) selbst erklärt die SISTEM51 als „die mechanische Revolution". Sie ist keine Quarzuhr. Stattdessen besitzt sie das erste mechanische Uhrwerk das nicht mit der Hand, sondern vollautomatisch zusammengesetzt wird. Die Uhr braucht demnach keine Batterie. Technologische Innovationen ermöglichen diese Art von Uhrwerk, das nur aus 51 Teilen besteht. Vorne kann man ganz normal Uhrzeit und Datum ablesen, wendet man jedoch die Uhr, hat man freien Blick auf das einzigartige Uhrwerk. Die SISTEM 51 ist hundertprozentig in der Schweiz gefertigt und stellt eine luxuriöse, für jedermann zugängliche Uhr der Extraklasse dar. Derzeit gibt es 17 verschiedene Modelle, die zu einem Preis von 140 Euro angeboten werden. Ein einzigartiges Preis-/Leistungsverhältnis (vgl. Swatch AG 2016c).

3.2 Markenidentität der Marke Swatch

Die Kenntnis über die Markenidentität ist ein wichtiger Einflussfaktor bei der Erarbeitung von Kommunikationsstrategien. Die Markenidentität ist das Selbstbild einer Marke und bringt zum Ausdruck, wofür die Marke steht (vgl. Esch 2012, S. 81). Sie umfasst somit alle essentiellen und charakteristischen Merkmale einer Marke. Marken müssen nicht nur nach außen, sondern auch nach innen gelebt werden. Nur wenn die Marke im Unternehmen also von den Mitarbeitern gelebt wird, kann diese erfolgreich sein (vgl. Esch 2003, S. 24). Eine klare Markenidentität ist die Voraussetzung, dass durch Kommunikation ein eindeutiges Markenbild bei der Zielgruppe entsteht (vgl. Esch & Fischer 2009, S. 381). Anhand der klaren Markenidentität kann sich eine Marke von anderen Mitstreitern abgrenzen und es ermöglicht dem Kunden, sich mit der Marke zu identifizieren.

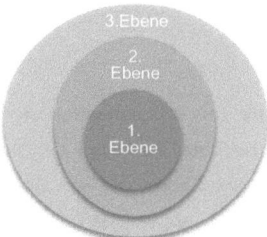

Abbildung 1: Markenidentität (eigene Abbildung)

Wie man in Abbildung 1 sehen kann, setzt sich die Markenidentität aus drei Ebenen zusammen. Nachstehend wird die Markenidentität von Swatch in Bezug auf diese Ebenen betrachtet:

1. Ebene: Markenkern

Der Markenkern stellt das Wesentliche einer Marke dar. Der Kern enthält zwei Dimensionen, die kurz und knapp die Vision der Marke und woran diese glaubt, beschreiben. Der Markenkern bleibt immer unverändert, auch wenn die Marke neue Produkte auf den Markt bringt oder sich auf neue Märkte ausweitet. Dadurch bekommt der Kunde ein Verständnis dafür, was die Marke ihm wirklich bietet (vgl. Aaker 1996, S. 54f). Der Markenkern von Swatch beinhaltet die Attribute „innovativ" und „Qualitätsprodukt" (vgl. HAM 2016c). Swatch steht also für ein innovatives Qualitätsprodukt. Eine hochqualitative Uhr, die in der Schweiz hergestellt wird und dank der technologischen Innovationen zu bestmöglichen Preisen erhältlich ist. Wobei das Merkmal „innovativ" nicht nur die technologischen Fortschritte anspricht, sondern auch die originellen Uhrendesigns, die sich stetig verändern und das unkonventionelle Marketing. Daraus ergibt sie die Botschaft von Swatch (HAM, 2016b, S. 4): „Always new, always different."

2. Ebene: Markenpersönlichkeit

Verbraucher beschreiben Marken oft nach Persönlichkeitsmerkmalen von Menschen. Sie meinen damit die Markenpersönlichkeit, die in der 2. Ebene der Markenidentität zu finden ist. Die Persönlichkeit einer Marke drückt aus, wie die Marke auftritt und kann beim Konsumenten Emotionen auslösen. Sind diese positiven Ursprungs, führt das zu einer Identifikation mit der Marke, das Vertrauen in die Marke wird erhöht und die Markentreue wird gestärkt (Aaker 2001, S.93 ff). All dies führt zu einer notwendigen Differenzierung zu anderen Produkten einer Produktkategorie und zeigt sich demnach in einem Wettbewerbsvorteil. Die Markenpersönlichkeit von Swatch lässt sich mit den Merkmalen „frech", „Accessoirecharakter", „Lifestyle" und „Design" beschreiben (vgl. HAM 2016c). Die Form der Swatch bleibt immer gleich, wobei sich das Design der Uhr immer verändert. Es gibt für jedes Outfit und für jeden Anlass eine passende Uhr, mit der sich der Verbraucher identifizieren kann. Die Uhr steht für einen neuen und frechen Lebensstil, der Traditionen bricht (vgl. HAM 2016b, S.2 ff).

3. Ebene: Markenwelt

Unter der Markenwelt ist die für den Konsumenten real erlebbare Welt der Marke zu verstehen. Mit anderen Worten bedeutet dies, was die Marke nach außen leistet. Folglich sind das Orte und Einrichtungen, wie Shops, die vom Unternehmen betrieben werden. Hier sollen die aus der Markenidentität abgeleiteten Kommunikationsziele gegenüber den Anspruchsgruppen gelebt und diesen nähergebracht werden (vgl. Zentes, Ney & Keßler 2014, S. 17). Die Markenwelt von Swatch lässt sich mit den fünf Begriffen „sportlich", „proaktiv", „globaler Ansatz", „fröhlich" und „vorwärtsorientiert" charakterisieren (vgl. HAM 2016c). Die Uhren von Swatch sollen jeden Menschen ansprechen. Hierbei spielen weder Geschlecht, Einkommen, noch Nationalität eine Rolle. Von Anfang an hat Swatch viele

Action- und Lifestyle-Sportarten gefördert, wodurch das Attribut „sportlich" sehr deutlich wird. Ebenso ist Swatch proaktiv tätig, da die Marke stets versucht Grenzen auszutesten und neue Trends frühzeitig zu erkennen. Gleichzeitig bemüht sich Swatch vorwärtsorientiert zu agieren, also nicht am Status quo festzuhalten, sondern ihre Märkte weiter auszubauen. Im Allgemeinen ist zu sagen, dass Swatch immer neue Herausforderungen sucht und sich diesen stellt (HAM 2016c).

Die Markenidentität stellt die Grundlage für die Kommunikationspolitik. Sie ist geprägt durch „out-of-the-box"-thinking, Emotionen, Design und Hightech. Wobei Swatch versucht, sich selbst treu zu bleiben.

3.3 Zielgruppendefinition der Marke Swatch

Um bei der Gestaltung der Kommunikationsmaßnahmen den speziellen Bedürfnissen der Zielgruppe gerecht zu werden und eine gezielte und effektive Kommunikation zu ermöglichen, ist eine klare Zielgruppendefinition unabdingbar (vgl. Bruhn 2014, S. 203). Zur Identifikation der Zielgruppe können vier verschiedene marketingmixbezogene Reaktionskoeffizienten herangezogen werden. Es kann zwischen geographischen, soziodemographischen, psychographischen und verhaltensorientierten Kriterien differenziert werden. Wobei diese Kriteriengruppen in einer Wechselbeziehung zueinanderstehen und deshalb oft miteinander kombiniert werden (vgl. Meffert, Burmann & Kirchgeorg 2008, S. 191). Um eine möglichst erfolgreiche Strategie entwickeln zu können, ist es wichtig, die Zielgruppe von Swatch sehr genau zu definieren.

Soziodemographische Kriterien können außer Acht gelassen werden, da sowohl Frauen als auch Männer jeden Alters und unabhängig des Familienstandes Uhren der Marke Swatch kaufen. Wobei jedoch der Preis einer Swatch Uhr eher den Menschen mit niedrigem bis mittlerem Einkommen zusagt. Geographische Kriterien wie Wohngebiete, Städte und Bundesländer müssen ebenfalls nicht berücksichtig werden, weil die Marke Menschen in ganz Deutschland ansprechen und bedienen kann. Vielmehr muss die Anspruchsgruppe nach verhaltensorientierten und psychographischen Kriterien identifiziert werden.

Bei der psychographischen Segmentierung werden allgemeine Persönlichkeitsmerkmale, wie Werte und Lebensstile, ebenso wie produktspezifische Attribute zur Differenzierung verwendet. Die Lebensstilsegmentierung wird hauptsächlich bei Produktbereichen, wie z.B. beim Uhrenkauf, bei denen eine große Beteiligung des Verbrauchers notwendig ist, herangezogen. Der Lebensstil wird mit AIO-Kriterien ermittelt. Darunter versteht man Activities, Interests und Opinions. Die Activities beschreiben situative Faktoren und beobachtbare Aktivitäten. Unter Interests versteht man das emotional bedingte Verhalten, also die Interesses des Konsumenten. Opinions steht für allgemeine Wertvorstellungen der Zielgruppe. Vor allem werden die persönlichen Werte einer Person zur Beschreibung und

Erfassung von Lebensstilen herangezogen. Da diese sehr stabil sind und sich in kurzfristigen Veränderungen kaum verändern, treffen sie prägnante Vorhersagen für das Kaufverhalten (vgl. Meffert, Burmann & Kirchgeorg 2008, S. 200ff).

Die verhaltensorientierten Merkmale zur Zielgruppendefinition sind nicht die Bestimmungsfaktoren für ein gewünschtes Kaufverhalten. Sie stellen vielmehr das Ergebnis und die Reaktion auf ein Kommunikationsinstrument dar (vgl. Bruhn 2014, S. 211). Verhaltensorientierte Kriterien lassen sich in Informations- und Kommunikationsverhalten, zu welchem die Mediennutzung sowie die Mund-zu-Mund-Kommunikation zählt, und in produktbezogene Verhaltensmerkmale, wie Produkt- und Markenwahl, Nutzungsverhalten, Preisverhalten und Einkaufsstättenwahl, differenzieren (vgl. Meffert, Burmann & Kirchgeorg 2008, S. 207f).

Marketingmixbezogene Reaktionskoeffizienten der Marke Swatch	
Verhaltensorientierte Kriterien	**Psychographische Kriterien**
Nutzungsverhalten: • Verwendung der Uhr als Zeitmesser • Verwendung der Uhr als Accessoire • Verwendung der Uhr als Zweituhr Einkaufsstättenwahl: • Bevorzugung von Markenshops und Flagship Stores → Prestige, Status, Markenorientierung • große Kaufhäuser → funktionelle Kaufabsicht Produktwahl: • Markentreue → Vertrauen und Identifikation mit der Marke • Markenprodukte → Qualität Preisverhalten: • Gute Qualität zu niedrigen Preisen Mediennutzung: • Hohe Nutzungsintensität aller Medien, besonders Internet und Social Media Weiterempfehlungsverhalten: • Word-of-mouth-Kommunikation	Allgemeine Persönlichkeitsmerkmale: • Frech • Innovativ • Moderner Lifestyle • Sportlich • Fröhlich • Proaktiv • Dynamisch • Designorientiert • Qualitätsanspruch • Selbstverwirklichung Produktbezogene Merkmale: • Uhr stellt kein Wertobjekt dar • Prestigegewinn • Interesse an neuen Designs und Innovationen • Offenheit für Neues • Ausdruck der Persönlichkeit

Tabelle 1: Marketingmixbezogene Reaktionskoeffizienten der Marke Swatch (eigene Darstellung, in Anlehnung an Meffert, Burmann & Kirchgeorg 2008, S. 191)

Wie in Tabelle 1 abgebildet, werden die Kunden der Marke Swatch wie folgt definiert: Die Zielgruppe der Marke Swatch stellt sich aus Menschen jeden Alters und jeden Geschlechts zusammen. Dabei handelt es sich um Personen, die ein Interesse an Innovationen und neuen Designs aufweisen. Wobei die Uhr kein Luxus- bzw. Wertobjekt darstellt, sondern eher als ein Ausdrucksmittel ihrer Persönlichkeit wirkt. Die Uhr verkörpert für diese Zielgruppe ein modisches Accessoire, welches sie je nach Anlass und Stimmung trägt. Sie führen einen innovativen, modernen und dynamischen Lebensstil, in dem Qualität und Prestige eine bedeutende Rolle spielen und welchen sie mit Swatch Uhren nach außen darstellen können.

4 Erarbeitung einer Kommunikationsmaßnahme für die Uhren Serie „SISTEM 51" der Marke Swatch

Im folgenden Teil der Arbeit wird eine spezielle Kommunikationsmaßnahme für die Uhrenserie SISTEM51 erarbeitet. Zuerst wird die Ausgangslage analysiert. Daraufhin werden die Problemfelder aufgedeckt und Lösungsalternativen für diese erarbeitet. Zum Schluss werden ein Lösungsansatz und eine Möglichkeit zur Erfolgsmessung detailliert dargestellt.

4.1 SWOT-Analyse

Alle Entscheidungen, die das Marketing betreffen, hängen von der Beurteilung der Ausgangssituation ab. Das Analysieren der aktuellen Kommunikationslage ist Ausgangspunkt für jede weitere Maßnahmenplanung. Ein sehr wichtiges Instrument zur Analyse der Ausgangslage ist die SWOT- Analyse. Hierbei sollen die unternehmensexternen Umwelteinflüsse, also die Chancen und Risiken, sowie die unternehmensinternen Faktoren, die Stärken und Schwächen, ermittelt werden (vgl. Meffert, Burmann & Kirchgeorg 2008, S. 231ff). Nach Festlegung der Stärken, Schwächen, Chancen und Risiken werden diese einander gegenübergestellt. Daraus können im nächsten Schritt Marketingziele und Marketingstrategien abgeleitet werden. In Tabelle 2 sind die unternehmensexternen Chancen und Risiken, sowie die unternehmensinternen Stärken und Schwächen abgebildet.

Unternehmensexterne Faktoren	
Chancen	**Risiken**
• Markt für Uhren aus Basissegment wächst[1] • Medienpräsenz von Uhrenmarken wirkt sich positiv auf junge Menschen aus[2] • Trend in Richtung Design[3] • Trend in Richtung Qualität und Preis-Leistungs-Verhältnis[4]	• Markt der Smart Watches steigt [5] • große internationale Konkurrenz und starker Wettbewerb[6]
Unternehmensinterne Faktoren	
Stärken	**Schwächen**
• starkes Markenimage und -bekanntheit[7] • innovativ und designorientiert[8] • starkes Qualitätsimage[9] • Traditionsunternehmen[10] • Gutes Preis-Leistungsverhältnis und große Produktpalette[11] • Markterfahrung (Krise 1970)[12] • unkonventionelles Marketing[13]	• zu große Zielgruppe[14] • Kommunikationspolitik hat Schwerpunkt auf Stärkung der Marke[15] • Onlinepräsenz der Kollektion SISTEM 51 auf Social Media Kanälen sehr gering[16]

Tabelle 2: SWOT-Analyse Swatch (eigene Darstellung)

---

[1] Vgl. Gfk 2012

[2] Vgl. Gfk 2013

[3] Vgl. Statista 2016a

[4] Vgl. Statista 2016a

[5] Vgl. Gfk 2016, S.21f

[6] Vgl. medialine 2004, S. 10f

[7] Vgl. GeVestor 2014

[8] Vgl. HAM 2016b, S. 4

[9] Vgl. GeVestor 2014

[10] Vgl. HAM 2016b, S. 1

[11] Vgl. HAM 2016b, S. 2

[12] Vgl. HAM 2106a, S. 3

[13] Vgl. HAM 2016b, S. 4

[14] Vgl. HAM 2016b, S. 5

[15] Vgl. Swatch Group AG 2015 S. 21f

[16] Vgl. Facebook (2016)

4.2 Problemfelder

<u>Gegenüberstellung Stärken-Chancen</u>

Die unternehmensinternen Stärken der Marke Swatch zeigen sich im starken Markenimage und im hohen Bekanntheitsgrad der Marke. Ebenso steht Swatch für ein gutes Preis-Leistungs-Verhältnis, das mit hoher Qualität ausgezeichnet ist. Das Traditionsunternehmen weist viel Markterfahrung im Uhrensegment auf. Außerdem ist Swatch für ihr kreatives und unkonventionelles Marketing bekannt. Der wachsende Markt für Uhren im Basissegment, sowie der Konsumententrend in Richtung Design, Qualität und Preis-Leistungsverhältnis kann man eindeutig als Chance für die Marke erkennen. Eine weitere Chance ist die positive Auswirkung der Markenpräsenz in Medien auf junge Menschen. Anhand der gegebenen Stärken und Chancen bietet es sich für Swatch an, ihre Medienpräsenz vor allem durch unkonventionelles Marketing, sprich durch Below-the-Line-Maßnahmen, zu verfestigen. Ebenso kann Swatch versuchen, die Marktanteile im Basissegment in Verbindung mit Qualitäts- und Designbewusstsein zu erhöhen.

<u>Gegenüberstellung Stärken-Risiken</u>

Dem starken Wettbewerb im Bereich der Armbanduhren und den vielen internationalen Konkurrenten, kann mithilfe der starken Markenbekanntheit, der breiten Produktpalette, den innovativen und designorientierten Produkten entgegengewirkt werden. Auch der wachsende Markt der Smart Watches steigt. Hierzu müsste Swatch ihre hauseigene Smart Watch durch Forschung und Entwicklung stärken, oder eben die Armbanduhr als modischen, innovatives Must-Have verkaufen. Um allen Risiken auszuweichen, müssen die Marketingstrategien an die jeweiligen Zielgruppen angepasst und gefördert werden.

<u>Gegenüberstellung Schwächen-Chancen</u>

Eine Schwäche von Swatch ist, dass die Kommunikationspolitik überwiegend zur Stärkung der Marke beitragt. Es fehlen Maßnahmen, die gezielt ein Produkt bzw. eine Kollektion hervorheben. Dadurch spricht Swatch eine sehr große Zielgruppe an. Um aber erfolgreiches Marketing führen zu können, ist es wichtig, die Zielgruppe klar und genau zu definieren. Unteranderem fehlt, z.B. bei der Kollektion Sistem 51, die Onlinepräsenz auf Social Media Kanälen. Swatch hat auf jeden Fall die Möglichkeit diese Schwächen zu mindern. Gezielte Kampagnen, klare Zielgruppendefinition und eine stärkere Onlinepräsenz wären hierfür eine Methode.

<u>Gegenüberstellung Schwächen-Risiken</u>

Wegen des starken Wettbewerbs, des Wachsenden Marktes und der internationalen Konkurrenz muss Swatch aufpassen, dass die Marketingmaßnahmen stets angepasst werden und nicht zum Erstarren kommen. Unter Berücksichtigung der Risiken, muss Swatch versuchen die Schwächen so wenig wie möglich zum Vorschein zu bringen.

Nach der SWOT-Analyse werden folgende Problemfelder sichtbar:

- Problemfeld 1: Die Zielgruppe wird nicht erreicht. Um dieses Problem zu lösen, müsste die Zielgruppe enger und klarer definiert werden.
- Problemfeld 2: Das Produkt bzw. die Kollektion wird nicht beworben, da die Marke an sich beworben wird. Um ein spezielles Produkt zu bewerben, sollte ein produktbezogenes Marketingkonzept entworfen werden. Welches entweder Above-the-Line oder Below-the-Line Maßnahmen enthält. Mithilfe eines UAP (Unique Advertising Proposition) kann ein psychologischer Produktvorteil zu anderen Produkten geschaffen werden.
- Problemfeld 3: Starke Konkurrenz. Um sich von der Konkurrenz abzuheben, wäre die Ausarbeitung eines Alleinstellungsmerkmals unabdingbar. Der USP (Unique Selling Proposition) verhilft der Marke, sich von Konkurrenzprodukten abzugrenzen und regt somit die Konsumenten zum Kauf an.
- Problemfeld 4: Markt der Smart Watches wächst. Um am wachsenden Markt der Smart Watches mithalten zu können, müsste Swatch zuerst in die Bereiche Forschung und Entwicklung investieren.

Im Nachstehenden wird das Problemfelder 2 bearbeitet. Beim Problemfeld 2 handelt es sich um ein fehlendes Marketingkonzept, welches die Kollektion Sistem 51 bewirbt. Bei der Bearbeitung des Problemfeldes 2 kann automatisch das Problemfeld 1 gelöst werden. Um ein funktionierendes Marketingkonzept zu konzipieren, ist schließlich eine klare Zielgruppendefinition unabdingbar. Ebenso kann durch eine gelingende Kommunikationspolitik die starke Konkurrenz abgehängt werden. Problemfeld 4 wird ebenso ausgeschlossen, da es nicht Aufgabe dieser Arbeit ist ein neues Produkt wie die Smart Watch zu entwickeln.

4.3 Generierung von Lösungsalternativen für das Problemfeld

Marketingmaßnahmen sollen das Kaufverhalten des Konsumenten verändern und beeinflussen. Die Voraussetzung hierfür ist die Erzielung einer psychischen Wirkung beim Käufer (vgl. Meffert, Burmann & Kirchgeorg 2008, S. 247). Aus dem Problemfeld 2 ergeben sich deshalb folgenden Marketingziele:

- Der Bekanntheitsgrad der Kollektion Sistem 51 soll erhöht werden.
- Das Image der Kollektion Sistem 51 und der Marke Swatch soll gestärkt werden.
- Die Kaufabsicht der Konsumenten in Bezug auf die Kollektion Sistem 51 soll verstärkt werden.

Zur Zielerreichung kann man entweder Above-the-Line-Maßnahmen oder Below-the-Line-Maßnahmen einsetzen.

Above-the-Line Maßnahmen stellen medienbezogene Kommunikationsmaßnahmen im Sinne der klassischen Kommunikationsmittel dar. Sie führen zu einer unpersönlichen und gestreuten Ansprache der Zielgruppe, da sie sich an keine eng definierte Zielgruppe richten. Dazu gehören Zeitungs-, Fernseh-, Radio-, Kino- und Außenwerbung (vgl. Gabler Wirtschaftslexikon 2016a).

Die Below-the-Line-Maßnahmen nutzen keine klassischen Medien. Anhand unkonventioneller Kommunikationsmaßnahmen wird versucht, dass der Verbraucher Werbung nicht als solche wahrnimmt. Auf kreative und unerwartete Weise soll die Zielgruppe direkt und persönlich angesprochen werden. Unter Below-the-Line-Maßnahmen werden Direkt Marketing, Sponsoring, Event Marketing, Guerilla Marketing, Ambush Marketing und viele mehr zusammengefasst (vgl. Gabler Wirtschaftslexikon 2016b).

Mögliche Lösungsalternativen für das gewählte Problemfeld sind die Plakatwerbung, das Sponsoring und das Guerilla Marketing. Die Plakatwerbung bewirkt eine Absatzförderung des Produktes und eine Erinnerungswirkung (vgl. FAW 2010, S. 6). Sponsoring hat eine positive Wirkung auf die Markenwahrnehmung und steigert somit die Markenbekanntheit (vgl. Bruhn 2012, S. 861). Das Guerilla Marketing kann zudem zu einer Erhöhung des Images der Marke, des Produkts oder des Unternehmens führen (vgl. Klug & Hoffmann 2014, S. 185). Im Folgenden wird die Zielgruppe für die Kollektion SISTEM 51 von Swatch definiert und im Anschluss werden die oben genannten Lösungsalternativen bewertet.

4.4 Bewertung der Lösungsalternativen

Zielgruppendefinition der Kollektion SISTEM 51

Die Zielgruppendefinition der Marke Swatch aus Kapitel 3.3. kann fast gänzlich auf die Zielgruppe der SISTEM 51-Kollektion übertragen werden. Es handelt sich um Frauen und Männer zwischen 15-35 Jahren, bei denen Innovation, Qualität, Technik, Lifestyle und Design im Mittelpunkt stehen. Sie nutzen die Sistem51 als Accessoire zum Persönlichkeitsausdruck oder auch als Zweituhr, z.B. beim Sport, wenn die teurere Uhr nicht getragen werden kann. Der Preis von 140€ (vgl. Swatch AG 2016c) lässt darauf schließen, dass es sich um Personen mit niedrigem bis mittleren Einkommen handelt.

Lösungsalternativen

In Tabelle 3 werden die drei Lösungsalternativen genauer dargestellt. Die einzelnen Kriterien der Lösungsvorschläge werden aufgezeigt und als negativ „-'' oder positiv „+" bewertet. Danach kann eine Entscheidung anhand einer Argumentenbilanz, die Vorteile und Nachteile gegenübersteltt, getroffen werden.

Plakatwerbung[17]	Bewertung
• Above-the-Line	−
• Hohe Kosten	−
• Spezifische Zielgruppenansprache schwer	−
• Kommunikationswirkung schlecht beeinflussbar	−
• Kreativ	+
Guerilla Marketing[18]	**Bewertung**
• Kreativ, unkonventionell	+
• Niedrige Kosten	+
• Überraschungseffekt → Erinnerungseffekt	+
• Spezifische Zielgruppenansprache schwierig → Streuverluste	−
• Flexibilität	+
• Rechtliche Herausforderungen	−
Sponsoring[19]	**Bewertung**
• Hohe Kosten	−
• Spezifische Zielgruppenansprache möglich	+
• Verstärkung durch Social Media möglich	+
• Mit Emotionen aufladbar	+
• Wenig Flexibilität	−
• unkonventionell	+

Tabelle 3: Argumentenbilanz der Lösungsalternativen für Problemfeld 2 (eigene Darstellung)

---

[17] vgl. Meffert, Burmann & Kirchgeorg 2008, S. 662

[18] vgl. Drache 2008, S. 35-38

[19] vgl. Meffert, Burmann & Kirchgeorg 2010, S. 688

4.5 Auswahl und Begründung der umzusetzenden Lösungsalternative

Als Lösungsalternativ wird die Plakatwerbung ausgeschlossen. Sie zählt zu den Above-the-Line-Maßnahmen. Die Aufgabenstellung und die Zielsetzung fordern klar eine Below-the-Line-Maßnahme. Durch Plakatwerbung ist eine spezifische Zielgruppenansprache fast nicht möglich. Hierzu musste der Standort der Werbung sehr genau festgelegt werden. Damit der Bekanntheitsgrad und das Image der Kollektion SISTEM 51 gesteigert werden können, ist eine eindeutige Ansprache der Zielgruppe nicht zu vernachlässigen.

Ebenso wie die Marke Swatch und die Kollektion SISTEM 51 stellt das Guerilla-Marketing Kreativität und unkonventionelles Design bzw. Marketing dar. Positiv wären hier auch die niedrigen Kosten einer Kampagne. Bei einer gelingenden Aktion würde die SISTEM 51 Swatch durch den Überraschungseffekt der Guerilla-Kampagne im Gedächtnis bleiben. Die Frage stellt sich nur, ob dieser negativ oder positiv wäre. Die Gefahr hierbei ist, dass die Idee falsch interpretiert werden könnte. Was oft juristische Folgen nach sich zieht. Eine gezielte Zielgruppenansprache gestaltet sich in diesem Fall auch als kompliziert.

Die geringe Flexibilität und die hohen Kosten stellen Nachteile für das Sponsoring dar. Jedoch ist durch diese unkonventionelle Art von Marketing eine spezifische Zielgruppenansprache möglich. Ein Sponsoring eines Events kann die Kollektion SISTEM 51 mit Emotionen aufladen und für den Konsumenten erlebbar gemacht werden. Dadurch wird vor allem das Produktimage gesteigert. Dies kann wiederum zu einer Absatzförderung führen. Ein Sponsoring kann auch mit einem Social Media Kanal unterstützt werden, um den Bekanntheitsgrad des Produkts zu erhöhen. In diesem Fall eignet sich das Sponsoring als Maßnahme für die Swatch SISTEM 51 Kollektion und wird nachstehend anhand eines Maßnahmenplans präzisiert.

4.6 Maßnahmenplan des Sponsorings

Die Kollektion SISTEM 51 wird das jährliche „Surf & Skate Festival" in München sponsern. Dafür wurde die Form eines Kultur- und Sportsponsorings (vgl. Bruhn 2003a, S. 13) gewählt. Das einzigartige Surf & Skate Festival tourt seit 2007 durch Deutschland und hat sich in der Surfkultur einen Namen gemacht. Es steht für Sommer, Sonne und Lifestyle. Neben internationalen Filmpremieren, Surfen am Eisbach und einem Skatecontest powered by SISTEM 51 gibt es auch Kunstausstellungen und Vernissagen. Zum Auftakt des Festivals wird eine „SISTEM 51"-Party in der Muffathalle stattfinden. Das Festival vermittelt Lebensfreude, Design, Sportlichkeit und Emotionen und passt somit gut zu den Werten und der Produkte der Marke Swatch. Originalität und Kreativität sind ausschlaggebend für das Surffestival. Der innovative Produktauftritt soll durch die unkonventionelle Idee und die direkte Ansprache der Zielgruppe lange im Gedächtnis der Konsumenten bleiben. Mithilfe des Festivals kann die Uhrenserie SISTEM 51 und aber auch die Marke Swatch emotional aufgeladen werden.

4.6.1 Ziele des Sponsorings

Die Ziele des Sponsorings sind in erster Line psychologische Ziele. Die Modelle der Kollektion sollen mit Emotionen in Verbindung gebracht werden, wodurch sie sich in den Köpfen der Zielgruppe verankern und dadurch die Bekanntheit der Kollektion SISTEM 51 gesteigert wird. Als offizieller Sponsor wird „SISTEM 51" in der Öffentlichkeit genannt. Die angezielte Imageverbesserung kann sich auch als ein positiver Effekt auf die Marke Swatch auswirken. Zweitrangig soll der Absatz und der Umsatz der Kollektion gesteigert werden.

4.6.2 Zielgruppe des Sponsorings

Die Zielgruppendefinition der Kollektion SISTEM 51 aus Kapitel 4.4. kann auf die Zielgruppe des Sponsorings übertragen werden. Die Zielgruppe des Festivals deckt sich mit der Zielgruppe der Uhrenserie SISTEM 51. Die Besucher sind sportlich, design- und lifestyleorientiert, dynamisch, aktiv und interessieren sich für Innovationen. Die hohe Affinität der beiden Zielgruppen erhöht die Wahrscheinlichkeit, dass durch dieses Sponsoring die eigene Zielgruppe direkt angesprochen und erreicht wird.

4.6.3 Gestaltung des Sponsorings und Entwicklung von Einzelmaßnahmen

Bei diesem Sponsoring wird die Kollektion SISTEM 51 öffentlich als Sponsor in Erscheinung treten. In Tabelle 4 folgt ein kurzer Eventüberblick.

Veranstalter	Island Collective GmbH
Veranstaltung	Surf & Skate Festival München
Art der Veranstaltung	Sportfestival mit Kunstaustellungen, Vernissagen und Auftaktparty
Ort	Muffatwerk, München
Datum	5.-7. Mai 2017
Erwartete Besucherzahl	10.000
Eintrittspreis	Tageskarte 10€ /3-Tageskarte 20€

Tabelle 4: Eventinformationen (eigene Darstellung)[20]

Ein Sponsoring beruht auf Leistungen und Gegenleistungen (vgl. Bruhn 2012, S. 848). Zuerst werden die Leistungen des Sponsors, also die Swatch AG mit ihrer Kollektion

---

[20] in Anlehnung an Surf Skate Festival 2016

SISTEM 51, dargestellt. Im Anschluss werden die Gegenleistungen des Gesponserten Island Collective aufgezeigt.

Leistungen des Sponsors

Der Sponsor gibt einen Zuschuss zur Finanzierung des Events in Höhe von 120.000 Euro inkl. Mehrwertsteuer. Ebenso sponsert Swatch die Gewinne für Platz 1-3 des Skatecontests. Der Preis für den ersten Sieger ist eine Uhr aus der Kollektion SISTEM 51. Der zweite Platz bekommt einen Gutschein in Wert von 80€ zum Kauf einer SISTEM 51. Der Drittplatzierte erhält einen 50€ Gutschein zum Kauf einer SISTEM 51. Am Samstag findet eine Gewinnspielauslosung unter allen Besuchern statt. Dafür stellt Swatch zehn Modelle der Kollektion SISTEM 51 zur Verfügung. Auch die Eintrittsbänder für die 3-Tagestickets gehen auf die Kosten von Swatch.

Gegenleistungen des Gesponserten

Der Gesponserte Island Collective gibt dem Sponsor das Recht, sich als offizieller Hauptsponsor des Surf & Skate Festivals in München nennen zu dürfen. Diesen Titel darf Swatch in seiner Kommunikation nennen und ist auch berechtigt das Festivallogo in Medienkommunikation zu nutzen. Der Festivalname wird zu „Surf & Skate Festival München powered by SISTEM 51" erweitert. Island Collective wird außerdem das Logo und den Namen Sistem51 in alle Drucksachen, Pressemitteilungen und im Internetauftritt der Veranstaltung miteinbinden. Insbesondere beim Facebook- und Instagramauftritt des Festivals muss der Gesponserte bei alle Publikationen die Hashtags „#sistem51 #swatch" verwenden. Swatch erhält 25 3-Tageskarten. Der Gesponserte ist dazu verpflichtet die von Swatch zur Verfügung gestellten Festivalbändern zu nutzen. Die Festivalbänder müssen die Aufschrift „Surf & Skate Festival 2017 powered by SISTEM 51" enthalten. Auf den Tageskarten ist der Slogan „SISTEM 51, die mechanische Revolution" miteinzubauen. Island Collective räumt dem Sponsor das Recht ein, Bandenwerbung im Festivalgelände anzubringen und Flyer verteilen zu dürfen. Des Weiteren ist Swatch dazu ermächtigt, einen Promotionsstand am Veranstaltungsort aufzustellen und dort ein Gewinnspiel abzuhalten. Die Besucher müssen eine Teilnahmekarte, welche den Namen, die Anschrift, die E-Mail Adresse und das bevorzugte Modell der Kollektion SISTEM 51 erfragt, ausfüllen. Teilnahmebedingung ist die Anmeldung zum Swatch-Newsletter. Am Samstagabend werden dann aus allen Teilnehmern zehn Gewinner gezogen. Jeder Gewinner bekommt die gewünschte SISTEM 51 Uhr. Der Gesponserte muss die Auftaktparty am Freitag „SISTEM 51" – Opening Party nennen. Hier ist der Sponsor ebenfalls berechtigt Banner aufzuhängen und Flyer zu verteilen. Der Skatecontest wird wie folgt bezeichnet: Minirampcontest sponsored by SISTEM 51. Das Sponsoring mit allen Leistungen und Gegenleistungen wird in einem Vertrag zwischen Sponsor und Gesponsertem festgehalten. Außerdem werden in diesem Vertrag sämtliche rechtliche Regelungen fixiert.

4.6.4 Kostenplan, Personal- und Zeitplan für das Sponsoring

Die Planung und Organisation des Sponsorings wird von der Swatch AG durchgeführt. Auf den Einsatz einer Sponsoringagentur wird bewusst verzichtet. Die Designs der Flyer, der Bandenwerbung, der Festivalbänder und des Promotionsstandes werden von den Mitarbeitern der Marketing- und Produktabteilung entworfen. Lediglich die Umsetzung und das Aufbauen des Standes, das Drucken der Flyer und der Banner, sowie das Herstellen der Festivalbänder werden von externen Dienstleistern übernommen. Die nachstehende Tabelle 5 zeigt alle entstehenden Kosten auf.

Kostenplan		
Personalkosten	• Recherche: Arbeitszeit 10 Stunden, Stundenlohn 30€	300,00€
	• Ideenfindung: Arbeitszeit 20 Stunden, Stundenlohn 30€	600,00€
	• Konzeptfindung: Arbeitszeit 20 Stunden, Stundenlohn 30€	600,00€
	• Aushandeln des Sponsorings inkl. Vertrag: Arbeitszeit 20 Stunden, Stundenlohn 30€	600,00€
	• Designen von Flyer, Banner, Festivalbänder, Promotionsstand: Arbeitszeit 30 Stunden, Stundenlohn 30€	900,00€
	• Druckauftrag bestellen: Arbeitszeit 10 Stunden, Stundenlohn 30€	300,00€
	• Promotionsstand bestellen: Arbeitszeit 10 Stunden, Stundenlohn 30€	300,00€
	• Pressemitteilungen schreiben: Arbeitszeit 20 Stunden, Stundenlohn 30€	600,00€
	• Aufhängen der Banner: Arbeitszeit 10 Stunden, Stundenlohn 10€	100,00€
	• Flyer verteilen: 4 Angestellte, je 6 Stunden an 3 Tagen=Arbeitszeit 72 Stunden, Stundenlohn 10€	720,00€
	• Arbeit am Promotionsstand: 4 Angestellte, je 6 Stunden an 3 Tagen, Arbeitszeit 72 Stunden, Stundenlohn 30€	2160,00€
	• Abbau nach Festival: Arbeitszeit 20 Stunden, Stundenlohn 10€	200,00€
	• Evaluation nach Festival: Arbeitszeit 40 Stunden, Stundenlohn 30€	1200,00€
Druckkosten	• Flyer: 10.000 Stück[21]	242,00€
	• Banner: 15 Stück[22]	356,00€
Herstellkosten	• Festivalbänder: 3-Tagesticket limitiert auf 7.000 Stück[23]	1250,00€
	• Promotionstand[24]	1.800€
Finanzielles Sponsoring	• Einmalige Zahlung an Island Collective	120.000€
Gesamtkosten		**132.228,00€**

Tabelle 5: Kostenplan für das geplante Sponsoring (eigene Darstellung)

---

[21] vgl. Flyeralarm 2016a

[22] vgl. Flyeralarm 2016b

[23] vgl. Einlassband.eu (2016)

[24] vgl. LaConcept (2016)

Personal- und Zeitplan
Projektstart: 09.01.2017

Arbeitspakete	KW 02	KW 03	KW 04	KW 05	KW 06	KW 07	KW 08	KW 09	KW 10	KW 11	KW 12	KW 13	KW 14	KW 15	KW 16	KW 17	KW 18	KW 19
Recherche	0,25																	
Ideenformulierung		0,25	0,25															
Konzeptformulierung				0,25	0,25													
Aushandeln des Sponsorings inkl. Vertrag						0,25	0,25											
Designen von Flyer, Banner, Festivalbänder und Promotionsstand								0,5	0,25									
Druckauftrag für Flyer und Banner und Herstellungsauftrag für Festivalbänder										0,25								
Promotionsstand bestellen											0,25							
Pressemitteilungen via Social Media														0,25	0,25			
Aufhängen der Banner																0,5		
Flyer verteilen während des Festivals																	3,6	
Arbeit am Promotionsstand während des Festivals																	1,8	
Abbau nach dem Festival																		1
Evaluation																		1

Tabelle 6: Personal- und Zeitplan für das Sponsoring (eigene Darstellung)

KW13 und KW 14 → Pufferwochen, falls sich etwas verzögert.

▢ = Vollzeitarbeitskraft, berechnet mit 40h pro Woche

▢ = Aushilfskraft, berechnet mit 20h pro Woche

4.7 Erfolgskontrolle des Sponsoring

Die Erfolgskontrolle steht am Schluss des Planungsprozesses. Jedes Unternehmen will wissen ob sich der Einsatz der Geldsumme gelohnt hat und ob die gewünschten Ziele erreicht wurden. Die Erfolgsmessung beim Sponsoring bezieht sich hauptsächlich auf die Veränderung des Markenimages und die Erhöhung der Markenbekanntheit (vgl. Meffert, Burmann & Kirchgeorg 2008, S. 831). Zudem kann auch eine Effizienzkontrolle im Sinne eines Kosten-Nutzen-Vergleichs durchgeführt werden. Da die Ziele des oben dargestellten Sponsorings insbesondere im Steigern der Markenbekanntheit und des Markenimages liegen, soll die kommunikative Wirkung bei der Zielgruppe anhand einer Effektivitätskontrolle gemessen werden. Zur Untersuchung der Erinnerungswirkung wird eine detaillierte Zielgruppenbefragung vorgeschlagen (vgl. Bruhn 2012, S. 861ff). Dafür wird der Day-After-Recall-Test verwendet. Beim Verlassen der Veranstaltung können die Besucher mündlich befragt werden (vgl. Bruhn 2003b, S. 124). Zusätzlich kann den Teilnehmern des Gewinnspiels ein Tag nach der Veranstaltung ein Fragebogen per E-Mail zugesendet werden. Die Ergebnisse des Tests zeigen wie gut die Kollektion SISTEM 51 und die Marke Swatch in Erinnerung geblieben sind. Zusätzlich kann man die Absatzzahlen vergleichen. Ein steigender Absatz lässt auf ein gelungenes Sponsoring schließen.

5 Fazit

Abschließend lässt sich feststellen, dass unkonventionelles Marketing, insbesondere Below-the-Line-Maßnahmen, in den letzten Jahren an Bedeutung gewonnen haben. Das Sponsoring übernimmt eine zentrale Rolle im Kommunikationsmix von Unternehmen. Als kreatives Instrument spricht es die Zielgruppe gezielt an und gibt den Marken die Möglichkeit ihre kommunikationspolitischen Ziele zu erreichen. In Bezug auf Swatch bietet vor allem das Sportsponsoring eine klare Zielgruppenansprach ohne Streuverluste und macht die Marke emotional erlebbar. Um jedoch einen langfristigen Kommunikationserfolg zu sichern, muss das Sponsoring mit den restlichen Instrumenten aus dem Marketingmix vernetzt werden. Eine erfolgreiche Integration liefert eine passgenaue Ansprache der Zielgruppe. Swatch braucht demzufolge einen kreativen Mix aus klassischer Werbung und außergewöhnlichen Maßnahmen.

Teil 2: Werbeanalyse der Printanzeige

In Teil 2 dieser Arbeit wird eine Werbeanzeige von EDEKA analysiert. Die Analyse orientiert sich an der ganzheitlichen Werbeanalyse nach Janich. Zuerst wird das Modell kurz erklärt und im Anschluss wird die Analyse der gewählten Anzeige anhand der verschiedenen Stufen beschrieben.

6 Ganzheitliche Werbeanalyse nach Janich

Das ganzheitliche Analysemodell von Nina Janich ermöglicht eine umfassende Untersuchung von Werbeanzeigen und Werbespots. Es ist flexibel anwendbar und greift je nach Bedarf einzelne Analyseaspekte heraus (vgl. Janich 2001, S. 202). Das Modell ist in drei Analysestufen und in drei Synthesestufen eingeteilt. In der ersten Analysestufe werden die textexternen Faktoren der Textkonstitution beschrieben. Hierbei handelt es sich um die Marktsituation, die anzusprechende Zielgruppe, die Produktbranche und das Werbeziel. In der zweiten Analysestufe werden textinterne Faktoren in Bezug auf Aufbau, Struktur und formaler Gestaltung untersucht. Dazu wird in verbale und paraverbale Ebenen unterschieden. In der dritten Analysestufe werden die Inhalte der semiotischen Textteile und ihr gegenseitiger Bezug behandelt. Die erste Synthesestufe zeigt das Zusammenspiel der textinternen Faktoren auf. Es wird untersucht wie Inhalt und Form der Werbung zu einem Supertext zusammenwirken. Die zweite Synthesestufe vollzieht einen Vergleich zwischen Werbeziel und Gesamtwirkung. In der letzten Stufe folgt eine abschließende Interpretation von Werbeinhalt und Werbeintention. Es wird diskutiert, ob die gewünschte Werbewirkung bei der Zielgruppe erreicht wurde (vgl. Janich 2001, S. 202ff). Im Folgenden wird eine Printanzeige aus der EDEKA „Backkampagne" (siehe Anhang 1) analysiert.

6.1 Erste Analysestufe

Die in Abbildung 2 zu sehende Werbeanzeige ist eine Printanzeige, die am 18.05.2016 in der Zeitschrift „Lisa Kochen & Backen" veröffentlicht wurde. Sender der Anzeige ist EDEKA. EDEKA hat seinen Gesamtumsatz im Jahr 2015 auf 48,4 Milliarden Euro gesteigert (vgl. Statista 2016b) und hat seinen Marktanteil zu 25,3% ausgebaut (vgl. Statista 2016c). Somit ist EDEKA das größte Unternehmen im deutschen Lebensmittelhandel. Die Rewe-Group mit 15% Marktanteil stellt die Hauptkonkurrenz dar (vgl. Statista 2016c). Wobei der Lebensmitteleinzelhandel generell ein stark konkurrierender Markt ist. Die Anzeige erschien im Rahmen der neuen Werbekampagne „Leidenschaftliche Backfantasien mit EDEKA". Die Anzeige soll den Endverbraucher ansprechen. Das Werbeziel ist das Bewerben des

Eigenmarkensortiments „mit dem sich jeder Backtraum erfüllen lässt" (EDEKA 2016a, S. 1). Es handelt sich also um eine Produktkampagne. Genauer um eine Erhaltungs- oder Erinnerungswerbung, bei der ein bekanntes Produkt weiterhin beworben wird, um an sein Dasein zu erinnern und um den Absatz zu fördern (vgl. Janich 2001, S. 20f). Der Frauenanteil der EDEKA-Kunden liegt bei 55% (vgl. Statista 2016d). Die Leserschaft der Zeitschrift „Lisa Kochen & Backen" besteht zu 94% aus Frauen in einem Alter von 29 bis 59 Jahren mit niedrigem bis mittleren Einkommen (vgl. BCN 2016). Somit stellt die Zielgruppe der Anzeige primär Frauen mittleren Alters mit niedrigem bis mittleren Einkommen dar. Diese Frauen haben Spaß am Kochen und backen mit Liebe. Das Involvement setzt sich aus fünf Determinanten zusammen (vgl. HAM 2016d, S. 3):

- Situation: Durchblättern, beiläufig (ca. zwei Sekunden)
- Botschaft: Beim Backen geht das Herz auf.
- Medium: Publikumszeitschrift für Kochen und Backen
- Person: Frauen mittleren Alters
- Produkt: Lebensmittel, eher niedrig

Da die Anzeige mit der Zielgruppe „Frau" in einer Frauenzeitschrift für Kochen und Backen gedruckt wurde, kann man das Involvement als mittel-hoch einschätzen.

(Abbildung entfernt. Siehe Anhang.)
Abbildung 2: Printanzeige EDEKA aus der Kampagne "Backen"[25]

---

[25] Lisa Kochen & Backen 2016, S. 13

6.2 Zweite Analysestufe

Die zweite Analysestufe befasst sich mit den textinternen Faktoren. Die Anzeige ist im Hochformat und wurde in der Mitte waagrecht in zwei gleichgroße geteilt. Die Textelemente befinden sich in der unteren Hälfte der Anzeige. Die Headline, die Body Copy, der Slogan und das Firmenlogo sind auf einer Tafel abgebildet. In der oberen Hälfte befindet sich ein Foto. In der Mitte der Werbung sind vier spezifische Produkte der EDEKA Eigenmarke abgebildet. Zum einen der Wiener Boden, eine Couverture, eine Backmischung für einen Zitronenkuchen und Kalifornische Mandeln. Das Text-Bild-Verhältnis ist ausgeglichen.

Die Headline befindet sich im oberen Teil der Tafel und ist wesentlich größer dargestellt als die darunterliegende Body Copy. In der rechten unteren Ecke ist das EDEKA Firmenlogo platziert. In der linken unteren Ecke ist der Slogan „ Wir ♥ Lebensmittel" positioniert. In der linken oberen Ecke ist das Logo der Eigenmarke von EDEKA abgebildet. Auf der paraverbalen Ebene lässt sich feststellen, dass die Lexik der Headline und der Body Copy einfach und unauffällig ist. Sie weisen beide einen einfach Wortschatz auf. Auf Fachbegriffe, Varietäten und Phraseologie wird komplett verzichtet. In Bezug auf Syntax wird in der Headline zuerst ein kurzer Hauptsatz verwendet. Diesem folgt ein unvollständiger Satz - „Dann ihr Herz." Hier wird deutlich mit der Interpunktion gespielt. In der Body Copy sind Haupt- und Nebensätze, die alle mit einem Punkt enden, zu finden. Der letzte Satz des Fließtextes fungiert als Verweis auf die Internetseite. Auf der paraverbalen Ebene ist zu sehen, dass die gleiche, serifenlose, weiße Schriftart für Headline, Slogan und Body Copy verwendet wurde. Diese Elemente sind auf einer dunklen Schiefertafel geschrieben, was einen starken Kontrast bewirkt. Nur Schriftschnitt und Schriftgröße variieren in den einzelnen Textteilen. Die Überschrift ist zentriert und die Body Copy im zweispaltigen Blocksatz formatiert. In der Headline „Zuerst geht der Teig auf. Dann das Herz" findet man eine Redensart – „das Herz geht auf". Hier wird das Bild der aufgehenden Sonne als Symbol einer fröhlichen Stimmung mit dem Herzen, dem Sitz der Gefühle, verbunden. Es bedeutet, dass jemand in eine glückliche Stimmung kommt. In der Body Copy findet man die zwei Metaphern „Gaumenfreude" und „Herzensangelegenheit". Die Metaphern stellen einen Klimax dar. Aus der Freude zum Backen entwickelt sich das Backen als persönliches und wichtiges Anliegen. Der Text wird durch die Wörter „Herz", „Freude" und „Traum" emotional aufgeladen.

In der oberen Hälfte der Anzeige findet man das Bildelement. Es handelt sich um ein Foto, das einen Ausschnitt einer Arbeitsfläche in einer Küche zeigt. Auf der Fläche stehen ein fertiger Kuchen, Muffins und ein Zopf. Im Hintergrund sieht man eine Rührschüssel und weiteres Backzubehör. Scharfgestellt ist jeder nur der Kuchen mit den Himbeeren als Topping. Der Rest ist unscharf. Das Foto ist in natürlichen, hellen Brauntönen gehalten. Als Blickfang dient der dunkelbraune Kuchen mit den roten Himbeeren. In der Mitte der Anzeige befindet sich ein Bild in Bild Element. Dort werden die spezifischen EDEKA-Produkte abgebildet. In der Anzeige sind nicht nur Primärtexte, sondern auch sekundäre Texte zu finden. Die sprachlichen Elemente auf der Produktverpackung stellen diese Sekundärtexte dar (vgl. Janich 2001, S. 60). Die Produktabbildungen agieren auch aus Key-Visual. Wobei das Catch-Visual der Schokokuchen mit den Himbeeren in der Bildmitte darstellt. Das Catch-Visual lenkt den Blick auf die beworbenen Produkte (vgl. Janich 2001, S. 62). Die Anzeige aktiviert folgende Reize:

- emotionale Reize: Durch die Wörter Herz, Gaumenfreude, Herzensangelegenheit und durch das abgebildete Gebäck, werden beim Betrachter Emotionen wie Freude, Liebe und Hunger ausgelöst.
- physische Reize: Der Kontrast von weißer Schrift und dunklem Hintergrund sichert die Aufmerksamkeit vom Betrachter.
- kognitive Reize: Betrachter wird angeregt nachzudenken, warum erst der Teig aufgeht und dann das Herz.

Ebenso ist zu beobachten, dass jede Print- und Plakatwerbung von Edeka den gleichen Stil und das gleiche Design aufweist. In einer Hälfte der Anzeige ist immer ein Foto abgebildet und in der anderen Hälfte immer die dunkle Tafel mit der gleichen, weißen, serifenlosen Schrift. Der Slogan „Wir ♥ Lebensmittel" mit dem gelben Herz wird auch auf jeder Anzeige abgebildet. All dies sind Elemente des Corporate Design, also auch der Corporate Identity von EDEKA. Das gelbe Herz macht den Auftritt von EDEKA noch emotionaler und sorgt dafür, dass wahre Liebe zu Lebensmittel automatisch mit EDEKA in Verbindung gebracht wird (vgl. EDEKA 2016b).

6.3 Dritte Analysestufe

Die dritte Analysestufe wird der Inhalt der Teiltexte und ihre Wechselwirkung untersucht.
Der Text und das Bild ergänzen sich gut. Text und Bild drücken die gleiche Botschaft aus. Das Bild steht im Vordergrund, wobei der Text das Bild erläutert. Es handelt sich also um eine bildzentrierte Werbung (vgl. Janich 2001, S. 191).
Auf der visuellen Ebene sind das Denotat die abgebildeten EDEKA Produkte. Das Konnotat stellen die dahinter abgebildeten Backwaren dar. Der Betrachter kann das Gebäck mit den vorne abgebildeten Produkten assoziieren. Das heißt, dass aus den dargestellten Produkten wie z.B. der Tortenboden und die Couverture, der dahinter platzierte Kuchen gebacken werden kann. In der Headline kann als Denotat der Satz „Zuerst geht der Teig auf" gesehen werden. Jedem Menschen ist bekannt, dass beim Backen der gebackene Teig mehr Volumen hat wie der flüssige Teig vorm Backen. Das Konnotat dazu ist der zweite Teil der Headline „Dann ihr Herz". Kuchen, Gebäck und Süßigkeiten werden in unserer Gesellschaft konsumiert um Gefühle wie Genuss und Glück hervorzurufen. Nach dem Backen isst man

meistens das Gebäck. Demzufolge lässt sich mit den abgebildeten Waren folgendes assoziieren: Backen macht glücklich. Durch das Verzehren der Speisen, die man zuvor selbst gebacken hat, empfindet man ein Gefühl der Freude und des Glücks. Folglich geht Einem das Herz auf. Man kann also Freude und Glück durch Lebensmittel empfinden.

6.4 Erste Synthesestufe

Die erste Synthesestufe befasst sich mit dem Zusammenspiel der textinternen Faktoren und wie diese wirken. Es geht also um den „Supertext" der Anzeige. Der Body Copy, der Headline und dem Bild werden jeweils eine Haupthandlung, eine Teilhandlung und eine Zusatzhandlung zugesprochen (vgl. Janich 2001, S. 79f).

Bild:

- Haupthandlung: Über Existenz und Beschaffenheit der Produkte bzw. des Sortiments informieren.
- Teilhandlung: Produkte beschreiben
- Zusatzhandlung: Produkte werden bildlich gezeigt

Die Haupthandlung des Bildes besteht darin über die Beschaffenheit und über die Existenz der Produkte der Eigenmarke zu informieren. Dazu werden ein paar Produkte aus dem Sortiment bildlich dargestellt. Zu sehen sind die Produkte an sich, also in ihrer Verpackung. Kauft man diese Produkte, wird man sie höchstwahrscheinlich auch zum Backen verwenden. Die möglichen fertigen Backerzeugnisse werden auch im Foto abgebildet. Dadurch wird der Betrachter zum Backen inspiriert.

Body Copy:

- Haupthandlung: Zum Kauf des Produkts bewegen wollen
- Teilhandlungen: Verkaufsargumente aufführen und Emotionen ansprechen
- Zusatzhandlungen: Produkteigenschaft „hochwertig" wird genannt, Verwendungsmöglichkeit: jeder Backtraum wird ganz einfach erfüllt, Emotionen werden an das Produkt gebunden

Die Body Copy soll hauptsächlich zum Kauf des Produktes bewegen. Durch das Aufzählen der Möglichkeiten, die das Sortiment bietet, sollen Emotionen beim Betrachter ausgelöst werden. Es soll vermittelt werden, dass mit den Produkten von EDEKA der Fantasie keine Grenzen gesetzt sind und man sich jeden (Back-)Traum mit ihnen erfüllen kann. Die Metaphern „Gaumenfreude" und „Herzensangelegenheit" sollen den Betrachter emotional aktivieren. Am Ende der Body Copy findet man einen Verweis zur Internetseite der Kampagne. Dieser Verweis stellt eine Kontaktfunktion dar. Demzufolge soll der Betrachter mit dem Unternehmen in Kontakt treten.

Headline:

- Haupthandlung: Ansprache von Emotionen
- Teilhandlung: Emotionen an Produkt binden
- Zusatzhandlung: zum Kauf bewegen

Die Haupthandlung der Headline ist das Ansprechen der Emotionen, welche dann an das Produkt gebunden werden sollen. Als Zusatzhandlung soll die Headline zum Kauf bewegen. Durch die Assoziation vom aufgehenden Teig bis hin zum Herz und den damit verbundenen Gefühlen beim Backen, soll der Betrachter emotional aktiviert werden. In der Headline wird mit der Interpunktion gespielt. Der Punkt steht anstelle des Kommas. Er dient zur Unterstreichung der Behauptung und vermittelt einen gewissen Nachdruck.

Das Foto der Anzeige stellt eine Arbeitsfläche in einer Backstube oder in einer Küche dar. Es ist in hellen Beigetönen gehalten. Die Farbe Braun steht für Geborgenheit, Gemütlichkeit und Bodenständigkeit (vgl. Hammer 2008, S. 198). Menschen, die backen, backen meistens nicht für sich selbst. Sie backen, wenn sie Besuch bekommen oder verwenden Kuchen als Gastgeschenk. Kaffee und Kuchen wird immer mit Geselligkeit, Gemütlichkeit und mit Freunden assoziiert. EDEKA will dieses Gefühl mit Hilfe der gewählten Farben vermitteln. Ein Kontrast dazu ist der dunkelbraune Kuchen mit den roten Himbeeren. Der Kontrast zum hellen Hintergrund und die roten Beeren lenken die Aufmerksamkeit des Betrachters auf diesen Teil der Anzeige. Rot wird im Bereich der Werbung oft verwendet um die Aufmerksamkeit des Betrachters zu lenken (vgl. Bartel 2003, S. 48). Die Anzeige weist zudem eine persuasive Funktion auf. Durch das dargestellte Gebäck sollen der Appetit und die Emotionen des Betrachters angeregt werden. Dadurch soll er überzeugt werden, die Produkte zu kaufen.

Zweite Synthesestufe

Ziel der zweiten Synthesestufe ist ein Soll-Ist-Vergleich zwischen textexternen Faktoren aus der ersten Analysestufe (=Soll) und den textinternen Faktoren aus der ersten Synthesestufe (=Ist).

Definition des Werbeziels in der ersten Analysestufe:

Erhaltungs- und Erinnerungswerbung → Bewerben des Eigenmarkensortiments

Die textinternen Faktoren zeigen ebenfalls, dass die Haupthandlung der Anzeige das Bewerben der Produkte ist. Die Produkte werden bildlich dargestellt und die Body Copy soll zum Kauf der Produkte bewegen. Demnach wurde das Werbeziel erfasst. Der Betrachter wird emotional, physisch und kognitiv aktiviert. Die Anzeige ist anhand der kontrastreichen Headline in Kombination mit dem Bild ein Blickfang und erhöht die Aufmerksamkeit des Betrachters, wodurch sich auch seine Informationsbereitschaft steigert. Die Zielgruppe der Anzeige wurde durch das Schalten in der spezifischen Zeitschrift erreicht. Die Anzeige wurde

2016 insgesamt dreimal in der Zeitschrift „Lisa Kochen & Backen" geschalten (vgl. XAD 2016, S. 2). Die Zeitschrift hat monatlich ca. 880.000 Leser und davon sind 94% Frauen (vgl. BCN 2016). Durch das mittlere bis hohe Involvement der Leserinnen kann von einer effektiven Werbewirkung ausgegangen werden. EDEKA hat es geschafft, sich durch diese Anzeige von seinen Wettbewerbern abzugrenzen und die Marktposition zu sichern.

6.5 Dritte Synthesestufe

Die Anzeige ist im Großen und Ganzen stimmig und hat das Werbeziel erreicht. Im Bereich der Lebensmittel ist der USP schwer zu definieren. Diese Anzeige versucht anhand von Emotionen dieses Alleinstellungsmerkmal zu erzeugen. Die Emotionen Liebe, Geborgenheit, Gemütlichkeit und Geselligkeit sollen vermittelt werden. Eben diese Emotionen sprechen die Zielgruppe sehr genau an. Es handelt sich hier um Frauen mittleren Alters, die Freude am Backen haben und das Event „Kaffee und Kuchen" als gesellschaftliches Zusammentreffen definieren. Bei diesem Treffen ist ein Kuchen oder ein Gebäck ein Muss. Jedoch könnte man die Aktivierungstechniken optimieren. Vor allem die Aktivierung der emotionalen Reize. Es wäre besser, wenn z.B. das Kindchenschema durch Darstellen einer Person, implizit eines Kindes oder einer Frau, aktiviert werden würde.

Alle Printwerbung von EDEKA haben das gleiche Design. Das führt dazu, dass schon beim bloßen Durchblättern eine Zeitschrift die Anzeige als solche von EDEKA wahrgenommen wird. Die Werbeintention ist eindeutig: Beim nächsten Gedanken an das Backen soll man sich bewusst für die EDEKA Eigenmarke entscheiden, da diese nicht nur Produkte mit hoher Qualität bieten sondern auch positive Emotionen mit sich bringen. Da die Werbung in einer Publikumszeitschrift für Kochen und Backen geschalten wurde, ist es letztendlich eine gelungene Anzeige, welche die Zielgruppe optimal anspricht.

Literaturverzeichnis

Aaker, D. A. (1996). Building Strong Brands. New York: The Free Press

Aaker, J. L. (2001). Dimensionen der Markenpersönlichkeit. In: Esch, F. R. (Hrsg). Moderne Markenführung – Grundlagen, Innovative Ansätze, Praktische Umsetzungen. 3. Auflage (S.91-102). Wiesbaden: Gabler

Bartel, S. (2003). Farben im Webdesign. Symbolik, Farbpsychologie, Gestaltung. Heidelberg: Springer

BCN (2016). Lisa Kochen & Backen. Factsheet. Online: [http://bcn.burda.de/service/download-center/download?downloadDocument=b6f573b4-ca60-733a-9c8c-8ea16df1a341], Abruf: 21.06.2016

Bruhn, M. (2003a). Integrierte Unternehmens- und Markenkommunikation. Strategische Planung und operative Umsetzung. 3. Auflage. Stuttgart: Schäfer Poeschel

Bruhn, M. (2003b). Sponsoring. Systematische Planung und integrativer Einsatz. 4. Auflage. Wiesbaden: Gabler

Bruhn, M. (2012). Unternehmens- und Marketingkommunikation: Handbuch für ein integriertes Kommunikationsmanagement. München: Franz Vahlen

Bruhn, M. (2014). Kommunikationspolitik: Systematischer Einsatz der Kommunikation für Unternehmen. München: Franz Vahlen

Drache, J. (2008). Guerilla Marketing. Welche Chancen und Möglichkeiten bietet Guerilla Marketing als alternative Marketingstrategie? Hamburg: Diplomica.

EDEKA (2016a). Presse-Information. Online: [http://www.edeka-verbund.de/Unternehmen/media/edeka_gruppe/presse/mediathekallgemein/160314_pi_edeka_eigenmarken/PI_Kampagne_Eigenmarken_Backen-final.pdf], Abruf: 21.06.2016

EDEKA (2016b). EDEKA startet Kampagne mit Herz. Online: [http://www.edeka-verbund.de/Unternehmen/de/presse/pressekontakte_2/presse_2/presse_detail_gruppe_677320.jsp], Abruf: 23.06.2016

Einlassband.eu (2016). Online: [http://www.einlassband.eu/stoff-kontrollbaender-individuell-gewebt_2060.html], Abruf: 20.06.2016

Esch, F.-R. (2003). Marken – auf der Suche nach Identität. Frankfurter Allgemeine Zeitung, Nr. 88, S. 24

Esch, F.-R. & Fischer, A. (2009). Markenidentität als Basis für die Gestaltung der internen und externen Kommunikation. In: Bruhn, M., Esch, F.-R. & Langner, T. (Hrsg.). Handbuch Kommunikation (381-395). Wiesbaden: Gabler

Esch, F.-R. (2012). Strategie und Technik der Markenführung. München: Franz Vahlen

Facebook (2016). Swatch Germany. Suche: SISTEM51. Online:[https://www.facebook.com/SwatchGermany/?fref=ts], Abruf: 15.06.2016

Fachverband Außenwerbung e.V. (FAW) (2010). Wirkungsstudie 2010: Typisch Plakatwerbung. Absatzförderung pur. Online: [http://www.gewista.at/uploads/Wirkungsstudie_Plakat_2010_7339_DE.pdf], Abruf: 18.06.2016

Flyeralarm (2016a). Online: [https://www.flyeralarm.com/de/shop/option/index/id/5756/quantity/8970933/shipping/1/custo mizedId/0], Abruf: 20.06.2016

Flyeralarm (2016b). Online: [https://www.flyeralarm.com/de/shop/option/index/id/141/quantity/8800220/shipping/1/custom izedId/0], Abruf: 20.06.2016

Gabler Wirtschaftslexikon (2016a). Above-the-Line-Kommunikation. Online: [http://wirtschaftslexikon.gabler.de/Definition/above-the-line-kommunikation.html], Abruf: 10.06.2016

Gabler Wirtschaftslexikon (2016b). Below-the-Line-Kommunikation. Online: [http://wirtschaftslexikon.gabler.de/Definition/below-the-line-kommunikation.html], Abruf: 10.06.2016

GfK (2012). Deutscher Uhrenmarkt mit positiver Jahresbilanz. Online: [http://www.gfk.com/en-kz/insights/press-release/deutscher-uhrenmarkt-mit-positiver-jahresbilanz/], Abruf: 15.06.2016

GfK (2013). Uhrenmarkt: Hauptsache bunt. Online: [http://www.gfk.com/en-kz/insights/press-release/uhrenmarkt-hauptsache-bunt/], Abruf: 15.06.2016

GfK (2016). Der Uhrenmarkt in Deutschland. Trends und Entwicklungen. Online: [http://fs-media.nmm.de/ftp/INH/Website/Files/PDF/Watch-Innovation-Forum-2016/Laura-Steinbrunn-Sabine-Dominski.pdf], Abruf: 15.06.2016

Hammer, N. (2008). Mediendesign für Studium und Beruf. Grundlagenwissen und Entwurfsystematik in Layout, Typografie und Farbgestaltung. Heidelberg: Springer

Hochschule für angewandtes Management (2016a). Kommunikationskampagne Swatch. Online: [http://elearning-ss11.fham.de/moodle/pluginfile.php/848802/mod_resource/content/1/swatch_klein.pdf], Abruf: 07.06.2016

Hochschule für angewandtes Management (2016b). Unternehmensdarstellung Swatch. Online: [http://elearning-ss11.fham.de/moodle/pluginfile.php/815177/mod_resource/content/1/Unternehmensdarstellung%20Swatch.pdf], Abruf: 07.06.2016

Hochschule für angewandtes Management (2016c). Markenidentität Swatch. Online: [http://elearning-ss11.fham.de/moodle/pluginfile.php/848798/mod_resource/content/1/Marke%20Swatch%20AG.JPG], Abruf: 08.06-2016

Hochschule für angewandtes Management (2016d). Involvement und Aktivierung. Online: [http://elearning-ss11.fham.de/moodle/mod/resource/view.php?id=697404], Abruf: 22.06.2016

Hutter, K. & Hoffmann, S. (2013). Professionelles Guerilla-Marketing. Grundlage – Instrumente – Controlling. Wiesbaden: Springer

Langner, S. (2009). Viral Marketing: Wie Sie Mundpropaganda gezielt auslösen und Gewinn bringend nutzen. 3. Auflage. Wiesbaden: Gabler

Janich, N. (2001). Werbesprache. Ein Arbeitsbuch. 2. Auflage. Tübingen: Narr

Klug, K., & Hoffmann, S. (2014). Professionelles Guerilla-Marketing: Grundlagen - Instrumente - Controlling (1). Wiesbaden: Springer Gabler.

LaConcept (2016). Online: [http://www.la-concept.de/mobiles_marketingequipment/zeltsysteme.html], Abruf: 20.06.2016

Lisa Kochen & Backen (2016). Ausgabe 6. Offenburg: Burda Medien Vertrieb GmbH

Medialine (2004). Der Markt für Uhren und Schmuck. Daten, Fakten, Trends. Online:[http://www.medialine.de/media/uploads/projekt/medialine/docs/bestellung_download/marktan alysen/2004/ma_uhren_schmuck_200403.pdf], Abruf: 15.06.2016

Meffert, H., Burmann, C. & Kirchgeorg, M. (2008). Marketing. Grundlagen marktorientierter Unternehmensführung. Konzepte – Instrumente –Praxisbeispiele. 10.Auflage. Wiesbaden: Gabler

Siegert, G. & Brecheis, D. (2010). Werbung in der Medien und Kommunikationsgesellschaft. Eine kommunikationswissenschaftliche Einführung. 2. Auflage. Wiesbaden: VS Verlag

Surf Skate Festival (2016). Online:[http://www.surf-skate-festival.com/index.html], Abruf: 20.06.2016

Statista (2016a). Welche Kriterien sind Ihnen beim Kauf einer Armbanduhr sehr wichtig? Online: [http://de.statista.com/statistik/daten/studie/178453/umfrage/sehr-wichtige-kriterien-beim-kauf-einer-armbanduhr/], Abruf: 15.06.2016

Statista (2016b). Nettoumsatz der Edeka-Gruppe in Deutschland in den Jahren 2004 bis 2015 (in Milliarden Euro). Online: [http://de.statista.com/statistik/daten/studie/72803/umfrage/edeka-gruppe-umsatz-in-deutschland-zeitreihe/], Abruf: 21.06.2016

Statista (2016c). Marktanteile der führenden Unternehmen im Lebensmittelhandel in Deutschland im Jahr 2015. Online: [http://de.statista.com/statistik/daten/studie/4916/umfrage/marktanteile-der-5-groessten-lebensmitteleinzelhaendler/], Abruf: 21.06.2016

Statista (2016d). Frauenanteil bei EDEKA-Kunden. Online: [http://de.statista.com/themen/1968/kunden-von-supermaerkten-discountern-sb-warenhaeusern/], Abruf: 21.06.2016

Swatch AG (2016a): Alle Kollektionen. Online: [http://shop.swatch.com/de_de/alle-kollektionen], Abruf: 09.06.2016

Swatch AG (2016b): Shop-Suche. Online: [http://www.swatch.com/de_de/store-locator?utm_source=ecom&utm_medium=store-locator&utm_campaign=ecom#q=DEUTSCHLAND], Abruf: 09.06.2016

Swatch AG (2016c): SISTEM51. Online:[http://www.swatch.com/de_de/sistem51/], Abruf:09.06.2016

Swatch Group AG (2015). Geschäftsbericht 2015

Swatch Group AG (2016a): Swatch Group Geschichte. Online: [http://www.swatchgroup.com/de/profil_der_gruppe/geschichte/heute], Abruf: 07.06.2016

Swatch Group AG (2016b): Basissegment. Online: [http://www.swatchgroup.com/de/marken_und_gesellschaften/uhren_und_schmuck/basissegment/swatch], Abruf: 07.06.2016

XAD (2016). Kampagnendaten EDEKA Backzauber. München: XAD Service GmbH

Zentes, J., Ney, B. & Keßler, D., Institut für Handel & Internationales Marketing der Universität des Saarlandes (Hrsg.) (2014): Markenwelten. Multisensualität und Markenidentität. Online: [http://www.uni-saarland.de/fileadmin/user_upload/Professoren/fr13_ProfZentes/sonstiges/Studie-Markenwelten-270214.pdf], Abruf: 09.07.2016

Anhang